AF579581

Le Traité

DES

INFLUENCES ERRANTES

DE QUANGDZU

L'ESPRIT DES RACES JAUNES

Le Traité des INFLUENCES ERRANTES de QUANGDZU

TRADUIT DU CHINOIS

PAR

MATGIOI
(ALBERT DE POUVOURVILLE)

PARIS
BIBLIOTHÈQUE DE LA HAUTE SCIENCE
11, RUE DE LA CHAUSSÉE-D'ANTIN, 11

1896

ŒUVRES DE MATGIOI

ÉTUDES COLONIALES

Editeur : Savine, 12, rue des Pyramides.

I. *Le Tonkin actuel*, 1 vol. 3 cartes, 2ᵉ édition.
II. *Deux Années de Luttes* (1890-1891) 1 vol., 2ᵉ édition.
III. *La Politique Indo-Chinoise* : 1 vol., 2ᵉ édition.
IV. *L'Affaire de Siam* (1886-1896) 1 vol., 3 cartes, préface de Flourens, ancien ministre des Aff. Etr.

L'ESPRIT DES RACES JAUNES

I. *L'Art Indo-Chinois* : 1 grand volume, avec 117 gravures, dans la Bibliothèque officielle des Beaux-Arts (Quantin, éd. 7, rue Saint-Benoît) 3ᵉ mille.
II. *Les Livres sacrés et mystiques*, traduits du chinois.

Art Indépendant, II, Chaussée d'Antin.

A. *Le Tao de Laotseu*, 1893.
B. *Le Te de Laotseu*, 1894, avec des notes.
C. *Le traité des Influences Errantes*, 1896.

III. *Les Sept éléments de l'homme* (Pathogénie chinoise (Chamuel, 5, rue de Savoie) avec 11 croquis.

VOYAGES

I. *Dans les seize Chaûs*, 1888-1889. Journal des missions Pavie. (Chamuel, éditeur).
II. *Dans les gardes indigènes*. Journal d'un inspecteur des milices (en préparation).

Un point d'histoire coloniale : le général Reste, 1 brochure (Savine) 2ᵉ mille.

L'idée de Patrie en Asie (Mayeux, éd.) 1 brochure.

Notes sur la Marche : 1 brochure (Baudoin, éd. place Dauphine).

A collaboré
à la traduction
du Traité des Influences Errantes
le xuâtdoï
NGUYEN VAN CANG, HI
fils puîné du thay-thuoc
NGUYEN THE DUC, LUAT
Tongsang du Rite de Laotseu

Tirage restreint à 300 exemplaires.

TRAITÉ

DES

Influences Errantes

TRADUCTION EXACTE

PAR A. DE POUVOURVILLE (MATGIOI)

PRÉFACE

La traduction du traité qui suit n'a pas les allures ni la valeur d'une page de dogme ou de tradition, comme furent les traductions précédentes des livres de Laotseu. Le *Traité des Influences Errantes* ne relève d'aucune religion extrême orientale, et je serais fâché qu'on l'attribuât à l'esprit taoïste. Fidèle et respectueux transmetteur d'une doctrine qui n'avait jamais été traduite, mais seulement trahie, intéressé d'ailleurs à son intacticité, je ne voudrais voir rattacher au corps de cette doctrine aucun membre étranger, quelque avantage qu'en puisse retirer l'accueil fait à mon travail par des lettrés curieux. Le dogme et ses principes sont exposés ailleurs; c'est ici la conséquence.

Le dernier enseignement dogmatique du Tao est dans

le Kan-ing, que M. Rémusat a traduit sous le nom de : *Livre des Récompenses et des Peines.* J'ai l'espoir d'offrir un jour la traduction du Kan-ing, qui est, au sens exact des caractères et de la doctrine : le traité des mouvements (terrestres ou autres) déterminés par les actions des hommes, et des sanctions que ces mouvements provoquent.

Non plus que la doctrine synthétique et mystique on ne retrouvera ici la phrase concise et cadencée du Maître. La nécessité de définir les formes analytiques d'une question spéciale, le désir d'être entendu de chacun, dans ce domaine pratique, revêtent l'enseignement des « *Influences* » d'une foule de symboles et de légendes propres à frapper la mémoire et l'imagination, et introduisent, parmi les propositions didactes, les périodes d'une littérature inférieure. Force nous est de les maintenir, pour conserver au traité la forme particulière sous laquelle il fut conçu, forme qui fut la plus adéquate aux projets de l'auteur. D'une composition récente, d'une inspiration moyenne, le traité des Influences est un exemple curieux de l'adaptation, à l'esprit chinois moderne, et au lettré ordinaire, de concepts antiques et, malgré tout, indéformables. C'est un exemple surtout de la spécialisation des principes de la Voie à l'hypothèse des influences errantes, dont les savants de certaines époques ont si longuement parlé, et dont l'importance semble aujourd'hui éclater à nouveau.

Ce n'est plus un Livre Sacré, mais c'est encore un livre important, quoique populaire, et ses pareils se distinguent, parmi les livres de Dogme, par l'appellation générique de « Ngoclich » que l'on traduirait à peu près en français par le mot : « Manuel. »

Le Traité des Influences n'a pas encore eu les honneurs de la traduction dans une langue européenne; je n'ai donc nul prédécesseur à contrister par des notes philologiques. Celles que j'ai ajoutées au texte du livre ne renferment que des explications en langage vulgaire de certaines théories obscures ; c'est la mise au point d'un texte concis, dont l'auteur n'a point pris la peine de répéter les vérités que ses lecteurs chinois devaient connaître d'autre part.

J'entends donc que l'on n'attribue à nulle religion, à nulle école philosophique, les préceptes ou les propositions dont on va lire l'étrange assemblage, assemblage dans lequel on pourra reconnaître, tantôt Dante, et tantôt Paracelse. En Chine même, devant les Ngoclich, bien que revêtus des sceaux impériaux, le scurire ne serait point puni, si d'aucuns s'avisaient de sourire. Mais un sourire vaut-il une réflexion ? L'attitude, durant et après la lecture, est une juste mesure de l'intelligence du lecteur.

*
* *

En traduisant d'abord l'un des livres qui descendent à la pratique, avant de terminer la traduction des abstrac tions, je puis être convaincu d'interversion volontaire : mais j'ai voulu faire entendre à quoi les avis des Sages pouvaient servir dans la vie. Il se peut que j'aie malréuss dans mon projet, et que les « *Influences* » ne paraissen pas d'une utilisation suffisante. Peut-être aurais-je dû aller plus avant, et jusqu'à la traduction des livres de Sciences Pratiques, comme la physiognomonie ou la psychologie thérapeutique. J'avoue que le saut des unes aux autres m'a paru trop grand ; et d'ailleurs certains en eussent-ils mieux compris les textes enténébrés d'où sortirent les théories de la Pathogénie Chinoise ? j'en doute. Je ne me défends pas de l'obscurité : je ne suis pas un vulgarisateur, et n'ai que faire de donner des explications. En Chine même, Laotseu ne doit pas être compris immédiatement de chacun. Les ténèbres dont on lui fait un reproche ont le don bienfaisant d'effaroucher les myopes, et je suis ravi qu'elles se retrouvent, au scandale de plusieurs, dans mes traductions ; c'est là une preuve de leur fidélité.

Il faudrait plus et mieux qu'une vie d'homme pour rendre en français les textes du dogme taoïste, dans les questions où ce dogme s'impose.

Je ne ferai sans doute qu'une très petite partie d'une si grande tâche, et je dois savoir un très grand gré à ceux dont l'aide généreuse me la facilite. Mais une telle construction est fort longue, et risque d'être en butte, pendant l'œuvre, aux sarcasmes de ceux qui n'aiment que les édifices complets. J'aurais voulu que maints de mes contemporains m'évitassent ces sarcasmes, et cela dans le seul intérêt de leur propre réputation intellectuelle. Car mon pauvre individu est hors des querelles en tant que dépositaire et non propriétaire des systèmes. Quant au texte, il est au-dessus des critiques. J'imagine que les lois qui régentent le tiers de l'humanité depuis le commencement du monde, n'ont pas à s'émouvoir de l'approbation ou de l'improbation de quelques Occidentaux de la fin d'un siècle.

MATGIOI

Paris, mai 1896.

NOTE GENERALE

Les caractères cités entre parenthèses sont ceux dont la traduction n'a pu être faite que par analogie, ou par l'évocation de symboles religieux similaires ou proportionnels, mais non égaux. Ainsi le caractère « Bothat » signifie un saint, un savant, un homme doué, un initié, un extatique, un génie, et encore différentes choses, le tout ensemble. Nous n'avons pas de concept aussi synthétique, ni de mot pour l'exprimer. Ainsi le caractère « Dianguc » peut se traduire par Enfer, lieux inférieurs, purgatoire, limbes, lieu des sanctions, mécanisme transformiste, etc., — c'est, en réalité, le point du temps et de l'espace, où, après la mort terrestre, les individualités subissent les modifications nécessaires à leur entrée dans une autre vie personnelle et responsable. Nous ne pouvons donc traduire le Dianguc que par des termes similaires empruntés aux mystiques de l'Occident, à moins d'en faire une entité à part et un mot nouveau, et de dire : le Dianguc, comme on dit : le Paradis, ou le Tartare.

PREMIÈRE PARTIE

CHAPITRE PREMIER

Un esprit, mon Maître [*Than-xuong*], est descendu du ciel (1) et m'a expliqué clairement ce que j'écris.

Par années et par siècles, la raison des souches humaines grandit [*Can-hanh*] : maudit qui y touche ou qui la brise.

Le Seigneur d'en haut est doux et bon. Le sage [*Bothat*] est un peu de ses manifestations (2). Ils conversent ensemble, marchent à la suite l'un de l'autre : le sage reçoit ses idées de lui. Sa volonté rend la maison heureuse et pleine de biens (3). Or, la bonne influence et l'amélioration sont produites par ce livre.

(1) Than-xuong : la lumière ayant pris corps. Consulter « *la Pathogénie Chinoise* » (Chamuel, 5, rue de Savoie).

(2) Littéralement : une manifestation assez : c'est-à-dire une manifestation rétrécie, amoindrie, incomplète.

(3) Littéralement : sèche et très propre.

Tous ceux qui veulent connaître par là les hommes doivent beaucoup réfléchir auparavant.

Car ce n'est pas une chose de peu d'importance. C'est une chose mauvaise de parler sans raisonner des Rois et des Hommes : une vie d'homme n'y suffirait pas.

Il faut rester respectueux avec les sages, si peu nombreux (1).

De mois en mois [*can-giap*] l'esprit marche et se promène la nuit. Ceux-là qui marchent la nuit, il faut se les concilier.

Car les influences extérieures agissent sur les hommes, et le planétarisme [*ngoctuan*] le démontre.

Tous en parlent sans en rien savoir; mais celui qui connaît peut changer le mal en bien (2). Les maladies augmentent, mais il en connaît le terme, et le moyen d'une longue existence.

La femme, le mari, les enfants sont ensemble mais (3) leurs pensées sont opposées.

Une volonté lucide change leurs maladies en santé, et leurs discordes en harmonie. Mais

(1) La phrase est elliptique : on peut la traduire ainsi : on met « à la place des saints (Ngaidinh), respectueusement, ceux « qui ont compris ces choses. Mais où et combien sont-ils ? »

(2) Le « Mâ » esprit qui marche la nuit, est un conducteur de maladies.

(3) On dit « mari, femme, enfant » pour indiquer des choses normalement coordonnées.

la maladie enlevée s'abat au loin sur un autre.
Le vent maladif danse comme une crête de vague et se glisse comme un pirate (1).
Celui qui réfléchit à ces choses peut s'en préserver.
Il va, vient, traverse et revient : Son influence est grande. Ainsi l'arbre est fort, mais le ver le traverse.
Néanmoins le sage a confiance : il travaille pense toujours, et sait que, la nuit froide l'esprit glacé et errant voltige au ras de terre.
C'est un danger pour l'homme sain et vivant.
La nuit, il empêche son sommeil, et lui envoie la tristesse, commencement de la maladie (2).

—

(1) On ne considère ici que le succès de détourner le vent, sans savoir où il se rejette.

(2) C'est-à-dire [*suivant les Tongsang*] l'homme atteint du germe [*mâ*], se couche bien portant, et se réveille en sursaut au milieu de la nuit, l'esprit plein d'inquiétude et de tristesse.

CHAPITRE II

Pour tous les hommes, en vérité, un esprit est descendu du Ciel pour me faire écrire.
Les grands et les Sages eux-mêmes qui n'ont pas entendu cela ne peuvent le connaître ; tous ceux qui se sont rassemblés pour en disserter et y réfléchir, seront, après leur mort, de grands esprits [*Dia-phu*] : les mauvais, non.
Tous ceux qui vivent désirent la continuation de leur famille : les plus riches parfois ont peu d'enfants : car ceux qui sont toujours malades n'ont pas la possibilité d'en avoir [*xom ô cothat banh*] (1) peut-être vivront-ils vieux ? peut-être ne mourront-ils pas par l'eau, le fer ou le feu ? peut-être mourront-ils de famine ou de peste ? L'esprit du Ciel préservera de ces maux l'homme qui sait et qui respecte.
Quelqu'un qui veut faire et agir peut-être prendra-t-il au hasard, pour son action, le premier et le quinzième jour de la lune.
Veux-tu agir ? Agis suivant ta force. La bonne

(1) Littéralement : lépreux. La lèpre est prise comme paradigme d'une maladie inguérissable.

ou la mauvaise action est déjà dans ton cœur ; mais sa manifestation peut-être rapide ou retardée. Que les Rois et que les grands qui ont à agir consultent le Dieu qui est dans le Ciel, et non pas le dieu des pagodes (1). Et le ciel en sera satisfait. La mauvaise action est connue et retenue de Dieu au moment de son intention [*môt thoi*]. Il ne faut agir en aucun excès, mais suivant le Bien (2). Une mauvaise action a toujours un principe mauvais, déjà ignoré ou oublié (3).

Quand tu agis et avant d'agir, pense à agir, mais pense à l'Esprit, pour qu'il te permette d'agir comme tu as pensé. Tous les penseurs ont dit cela. Toutes les affaires ne pèsent alors pas plus qu'à un Roi.

Il faut prononcer son nom de souche [*Ho*], le nom de son village, l'époque de l'affaire, et consulter l'oracle [*Bat Thu*] (4). S'il y a moyen ou non dans ces conditions, l'esprit te le dira.

Les esprits disposent en bien ou en mal des trente-huit espèces *Chung*. Donc pensez à Dieu et adorez-le.

(1) Le caractère « Dinh » ici employé, indique que le traité n'est pas confucéen.

(2) Littéralement : ni par le grand vent, ni par le grand soleil.

(3) On peut entendre : ou que la pensée qui produit l'acte est déjà oubliée ; ou que l'acte a une cause antérieure à cette pensée, et actuellement inconnue de nous.

(4) Consultations divinatoires avec les Quaï, et suivant les règles du Yiking.

Le sage qui écrit ce livre pense, en l'écrivant, aux moustiques, aux papillons, aux hommes, aux femmes, à tout, aux fautes et aux repentirs, à toutes choses créées, et qui se reproduisent [*vat phan*]. Ce qu'il trouve au dehors il le réunit en son esprit.

Le sage parle pour les hommes des deux principes (1) pour les « *diatang* » les « *bothat* » les dix-huit classes.

Et il dit tout ce qu'il a de bon dans l'âme.

Il commet une grande faute, celui à qui l'homme qui ne sait qu'un caractère (2) veut demander la science, et qui ne répond pas : il est semblable à l'ignorant : quand il meurt et descend aux ténèbres (3), il perd la langue.

—

(1) Des deux principes : Am, Duong ; c'est-à-dire l'universalité de la création.

(2) L'écolier qui n'en est qu'à sa première leçon [*nhet chu*].

(3) « Dianguc » ou la prison de la terre. Comme lieu, voir la « note générale ». Comme habitants, ce sont les forces errantes non utilisées, qui tendent à la vie humaine, et capables de bien et de mal, suivant le moteur qui s'occupe d'elles.

CHAPITRE III

Ce sont des prescriptions sages que contient ce livre.
Le sage peut connaître tout dans le livre Tam Giao (1) [*Voici ce qu'il dit* :]
Le moindre mot, clair ou obscur, bon ou mauvais, sorti de ta bouche, a déjà été marqué.
Les Saints [*Phât*] les esprits [*thien*] et les hommes vivants, forment trois races distinctes.
Ils ont tout similaire, mais rien de pareil (2).
Les biens terrestres que le Ciel ne te donne pas, et que tu prends, t'échappent et ne te servent de rien.
Or, tout le monde recherche le bonheur.
L'esprit parle dans les temples [*chua*]. Voilà le moyen de voir au loin (3).

(1) Le Tamgiao est le commentaire de la partie divinatoire du Yiking.

(2) Littéralement : « ils parlent la même chose, et la disent différemment. »

(3) Il ne s'agit ici que des temples, et non des pagodes confucéennes [*dinh*]

Le soleil (1) éclaire tout, et fait pénétrer tout dans le cerveau ; on ne peut confondre, ni mettre ensemble, les bons et les mauvais.
Le jugement, frappant les uns, [*toi*] sauvant les autres [*quyet*] ne peut être changé.
Il y a donc, au milieu de la terre, un Espace (2).
Les hommes, confiants et véridiques, verront clair comme au milieu de la mer (3).
Vivants et morts sont au milieu de la mer : toutes les affirmations, toutes les négations sont éclaircies. L'homme méchant a sa punition après la mort : mais le Ciel le laisse vivre parfois longtemps.
L'acte, suivant qu'il est bon ou mauvais [*am-duong*] ne donne que des fleurs, ou bien des fruits (4). De plusieurs arbres pareils, pareillement vivants, l'un devient grand, l'autre reste petit (5). La chaleur [*duong*] donne des fleurs, et les fleurs tombent à terre [*dianguc*]. Ceci est vrai.
Ainsi Thaituong et Batkhoi étaient semblables.

(1) Soleil, pris dans le sens symbolique de « vrai ».
(2) Comme un « magasin de dépôt. »
(3) La mer, où rien n'est caché à la vue par les montagnes.
(4) Il n'est jamais dit : bon ou mauvais, mais : participant de l'Am ou du Duong.
(5) La parabole de Batkhoi est célèbre, mais il ne faut pas y voir une théorie de la métempsycose. La parabole ajoute que le tonnerre qui foudroya Batkhoi « écrivit la condamnation » sur les écailles de son dos.

Ils sont devenus longs comme une heure de marche.

Vivants, ils étaient puissants, et tuèrent quarante fois dix mille hommes : aussi, après leur mort, l'un est devenu serpent [*tuong-dzan*], l'autre, cochon de mer : ils ont été frappés du tonnerre, afin que l'on vît bien [*le dessein du Ciel*]. Ils sont tombés au milieu des immondices.

Sous le roi Nhaduong, Lylamphu était un grand dignitaire méchant (1). Quand il mourut, il devint porc, et sept générations [*de ses ancêtres*] avec lui ; et neuf avant ces sept furent buffles ; et ses enfants sont et seront des porcs : s'il fait du vent, et que la foudre gronde, ils fuient au bord des fleuves ; et quand ils y meurent, ils deviennent moustiques. Ils ne peuvent rien faire de bon (2).

Le Roi alors a ordonné à tous les villages d'apprendre la loi, de la savoir, et de la répéter souvent. Ainsi cent générations ont appris ; jadis ils ne savaient rien des choses *infé-*

(1) La légende de Lylamphu est faite pour indiquer la puissance de l'atavisme, et, par leurs recherches dans la punition, l'influence, des causes anciennes et cachées. Les transformations en animaux nuisibles sont les paraboles de la transformation en forces errantes maléfiques.

(2) Ils ne peuvent rien de bon, à cause de leur habitude. Mais, dit le commentaire oral, si, sur cent actions mauvaises, ils en faisaient une qui fût bonne, ils passeraient une longue époque de temps dans l'expiation réparatrice, après quoi ils redeviendraient hommes vivants.

rieures. Aujourd'hui ils savent, et sont tranquilles.

L'homme qui vit longtemps mal [*Banhtho*] devient buffle (1) aussi longtemps au Dianguc. Trois fois méchant, une fois bon, la peine est remise. Le livre Tamgiao indique donc ce qui concerne le bien et le mal [*Am-duong*], dans leurs rapports. Chacun peut ouvrir une fois la bouche pour bien parler, mais, si le cœur est mauvais, le Ciel le marque, et Kongtzeu dit : « Non, ce n'est pas vrai. »

Le temple est clair et paré : l'esprit du ciel y descend, et distingue les bons des méchants.

(1) Cette légende s'applique à Banhtho, qui vécut 800 ans, et fut buffle durant les 200 dernières années de sa vie, pour expier ses fautes.

CHAPITRE IV.

Ce que je vais dire est pour les Sages, très difficile, et à la portée de peu de gens.

Celui qui perd sa fortune, dit Mengtzeu, n'a pu le prévoir à l'avance. Les hommes sont comme les racines de l'arbre; les dieux [*Phât*] et les ancêtres [*Ongtô*], lui donnent les fleurs et les fruits. Ce qu'ils donnent, il ne faut pas le jeter, mais le garder en sa maison (1).

De même qu'on dit que la perte de la fortune est le plus grand des malheurs, de même, il ne faut rien perdre de l'enseignement et le garder au dedans de soi.

Dans la richesse, le souvenir de la détresse passée doit engager à la prévoyance pour l'avenir (2).

Celui qui, en marchant, s'élève, et arrive à voir toutes choses de ce point élevé, est grand [*thanhcong*] celui-là peut nous comprendre. Il se peut qu'un écrit se trompe;

(1) Tout ce passage doit être entendu de la Science.

(2) Cette phrase est un proverbe populaire sur les récoltes du riz et sur la disette.

mais plusieurs écrits qui concordent sont dans la vérité.

Lorsque Chiquang monta sur la haute montagne, il vit tout d'un seul regard, et fut apte à la Science; il connut les forces obscures qui travaillent sous la terre [*diatang*].

C'est dans cette région [*Phongdo*] que demeure le Roi des Inférieurs, et qu'il juge les esprits, bons ou mauvais, des hommes morts.

L'homme a dix-huit pensées: les inférieurs réservent dix-huit vengeances [*aux pensées mauvaises*] (1).

Les Saints [*bôthat*] sont bien disposés pour le bonheur des hommes. Celui qui, de l'œil ou de la bouche, les méconnaît, descend aux inférieurs [*dianguc*].

Il y a cent trente-huit sortes d'inférieurs (2).

Dix-huit sages ont pensé ceci. Croyez-y : ils ont conversé ensemble, et ont fait un savoir nouveau.

L'empereur a vu tous les prisonniers (3) et ensuite a fait le livre du Ciel, de la Terre, et des Inférieurs.

Sa parole est limpide comme le diamant: sa voix éclatante comme la foudre. Ceux qui

(1) Il y a, dit l'oral, dix-huit manières de penser le bien, et dix-huit attributs célestes; il y a dix-huit sortes de récompenses, et chacune est l'apanage d'une des dix-huit sagesses.

(2) Ce sont les cent trente-huit peines ou transformations qui attendent les transgresseurs de la loi.

(3) Les emprisonnés de la chair c'est-à-dire les vivants.

travaillent avec lui et vont à sa suite sont exempts de tourments.

L'enfant d'un père savant est préparé à l'être lui-même.

Il n'y a pas que le Khiduong : il y a le Khiam et le Khiduong étroitement unis ; le khiduong est le (1) souffle de l'homme vivant, le khiam est l'esprit inférieur des morts. Si on ne reconnaît pas cette union, toute pensée est illusoire.

L'esprit vivant traverse neuf cercles.

La parole du roi est comme le diamant; celui qui l'étudie a l'œil universel. Cette parole équivaut à celle de dix rois qui descendraient du Ciel. Celui qui la dit voit les vingt cercles de l'univers, dans le passé, et dans l'avenir.

Il a vécu : il vivra.

—

(1) Il n'est pas possible de traduire khiam et khiduong, principe mâle et féminin, chaud et froid, sec et humide, lumineux et obscur, actif et passif, positif et négatif, créateur et réceptif, etc. : C'est le principe, un dans son essence, double dans sa manifestation, et par suite dans ses successivités. Il vaut donc mieux conserver le terme de la philosophie chinoise, le lecteur devant l'appliquer, suivant le contexte, à la plus adéquate des manifestations.

CHAPITRE V.

Sous les astres et la lune, qui brillent sur l'Univers entier, il y a écrit, en caractères, la destinée des enfants, comme au livre Tuvi (1).

(1) Le livre Tuvi, qui n'est enseigné qu'aux docteurs, est la généthliaque extrême orientale. Il y aurait beaucoup à dire sur cette seule phrase isolée, qui forme intentionnellement tout un chapitre. Ce n'est pas ici le lieu de tels développements.

DEUXIÈME PARTIE

CHAPITRE PREMIER

Maintenant ceci est la Science résumée qui doit rester présente à la mémoire de chacun. Tongduongtu, bothat, est venu du ciel pour l'enseigner.
Hantien écrivait son enseignement. Et ainsi tout est bien transcrit.
Or, Tongduongtu voit les Inférieurs, et l'influence de l'esprit des morts (1).
Cette Science doit être gardée ; c'est la racine de toute science et de toute existence. Les hommes doivent en recueillir les préceptes, les conserver, les transmettre à leurs enfants.
Par exemple, il y a vingt types humains :

(1) Littéral : dianguc Khiam : l'esprit froid, inférieur.

l'homme fort a le visage rouge et l'œil saillant (1). Ainsi a parlé Tongduongtu. L'homme ainsi fait n'agit guère; mais quand il agit il est fort et bon.

Bienduc, dans ses études et commentaires, dit que, dans le sommeil, voir un parent ou un ancêtre déjà mort n'est pas un mauvais présage (2).

LiKhanhdoc dit que l'hommage au ciel, lorsqu'il ne sort pas d'un cœur humble et bien disposé, est nuisible.

Tous ces sages ont pris la route de la montagne Quangtien, sont arrivés au sommet, et ont alors connu la science, en regardant de l'autre côté.

Sous le règne des rois Nhaduong et Nhaly, ces sages songeaient à la science et pratiquaient la vertu ; ceci est de la première importance (3).

Le savoir change les mauvais en bons: ceci est de la deuxième importance (4).

Le bothat Monglan a affirmé l'excellence du Livre et s'est approché pour l'affirmer (5)

(1) Exemple de la science de physiognomonie, à quoi il faut s'adonner, de même qu'aux sciences psychiques et morales, dont deux exemples suivent.

(2) Bienduc et LiKanhdoc sont deux philosophes d'une des écoles de Laotseu.

(3) Littéralement : numéro onze. La dizaine indique qu'une quantité de superfluités a été dite auparavant.

(4) Littéralement : numéro douze.

(5) Gan : c'est-à-dire tout près, immédiatement compréhensible. Monglan est un enfant trouvé, recueilli par un mandarin :

C'est pendant le grand été que Monglan a confirmé : troisième importance. Le savoir parle directement de tout ce qui est bon et mauvais : troisième importance.

—

devenu général, il se bat contre les amazones des montagnes, demi-femme, demi-phénix, et retrouve sa mère parmi ces guerrières hypernaturelles. Ainsi le veut la légende populaire.

CHAPITRE II.

Lydonkhanh a collaboré à cette œuvre. Chuhué a donné ses réflexions. Le diatang Vuong a soigné la transcription en caractères. Le maître du tonnerre les a inspirés tous. Il est venu une fois, mais il n'est pas de moyen de le rappeler ni de le connaître.

C'est lui qui dirige tout l'univers (1), et qui met partout la clarté.

La Science a toujours existé ; mais du jour où elle est écrite, elle s'appelle actuelle. Elle eût pu servir à tous les enfants du temps passé. C'était un mystère (2) sans indication et très difficile.

Aujourd'hui il est divulgué.

—

(1) Littéralement : les cent écailles.

(2) Littéralement : c'était une enveloppe sans suscription.

TROISIÈME PARTIE

Les dix chapitres des gravures (1).

I. Les Génies des Étoiles.
Gravure représentant le roi des Génies, ayant les bons à sa gauche, et les mauvais à sa droite.
Le grand Roi des Prisons orientales.
Gravure représentant le Roi de l'Orient, protecteur et découvreur du feu, avec cinq courtisans.

II. Le Saint Diatang Lêkien.
Le Roi des Esprits errants inférieurs [*Phongdo*] Gravure représentant ce Roi et, à ses pieds, des formes errantes indécises, sans visage apparent.

(1) Chacun de ces dix chapitres est composé de deux gravures, avec une légende par gravure, et parfois quelques cartouches explicatifs. Si la chose eût été possible, ces symbolismes eussent gagné à être reproduits tels quels. Toutefois la détermination de leur stase ou de leur action suffit à expliquer leur valeur parabolique.

III. Xa Than, le pays des Génies.
Gravure représentant les esprits inférieurs, contraints par les sages [*Bothat*] de se réfugier dans le Phongdo.
Dans un petit cartouche, un fidèle porte des présents au roi de Phongdo.
Huylinh, punisseur du crime.
Gravure représentant Huylinh, esprit messager de la justice du ciel, avec ses officiers. En exergue, au coin gauche : « Voici l'esprit qui réside dans les sanctuaires. »

IV. Le roi Than quang, deuxième souverain.
Gravure représentant le second maître des esprits : les gens de sa suite ont des cornes de buffle en tête ; il poursuit les esprits inférieurs errants.
Le roi Sogiang, deuxième souverain.
Gravure représentant ce roi, qui dirige les Esprits des Eaux ; dans un cartouche, les esprits rebelles sont en prison. Avec la légende : « la prison est de glace. »

V. Le roi Thongdé, troisième souverain.
Gravure représentant ce roi, qui commande aux esprits inférieurs des montagnes.
Le roi Nguquang, quatrième souverain.
Gravure représentant ce Roi, qui com-

mande aux Esprits des rivières : comme exergue : « Ceci est le pays plat. » Des formes sont couchées dans les riz.

VI. Le roi Dzan-An, cinquième souverain. Gravure représentant ce Roi, qui commande aux Enfers. Dans le fond, petits piquets, forteresse où sont de nombreux prisonniers. Exergue dans la muraille : « huyên de Vang Bô. »
Le roi Hathanh, sixième souverain. Gravure représentant ce Roi, qui commande aux esprits des morts, et aux Rites des cimetières. Au fond, les étoiles, gardant chacune un esprit, avec l'exergue : « Ceux-ci sont les esprits des morts. »

VII. Le roi Thayson, septième souverain. Gravure représentant ce roi, qui commande aux mines et aux esprits qui gardent la terre. Exergue : Esprits échappés inférieurs [*thanly dianguc*]
Le roi Dothi, huitième souverain. Gravure représentant ce Roi, qui commande aux caravanes et aux transactions : il fait couper en deux par la scie les esprits ennemis du voyageur.

VIII. Holothi, neuvième souverain. Gravure représentant ce Roi qui commande aux esprits des étangs et des marais. Il poursuit avec des chiens les esprits ennemis.

Le roi Thienluan, dixième souverain. Gravure représentant ce roi, qui commande aux esprits des maisons et des portiques. En bas, le génie du foyer.

IX. Le temple des Batquai [*Luc dao*]. Dans un cercle que les Batquai environnent (1), se trouve une grande pagode à trois étages. De l'étage supérieur gauche sortent les chefs Phonghan, dieux propices, qui se manifestent en hommes : de l'étage moyen gauche, sortent les thay, quadrupèdes et mammifères, esprits indifférents des morts : de l'étage inférieurgauche sortent les Nhet, poissons et crustacés, esprits mauvais des morts.

De l'étage supérieur droit sortent les esprits d'hommes ayant mal agi, et destinés à l'un des dix-huit supplices.

De l'étage moyen droit, sortent les maû, esprits inintelligents (*oiseaux*). De l'étage inférieur droit, sortent les Hoa esprits déchus [*invertébrés*].

Le temple des Batquai est celui de la justice après la mort ; et ce qui s'en échappe, pour allerdans une autre vie commence cette autre vie en un corps

(1) Les Batquai sont les huit trigrammes originels de Fohi, sur lesquels sont bâtis les systèmes astronomiques divinatoires, [illegible] découle l'écriture idéographique de la Chine.

et un intellect, qui sont la récompense et la punition de la vie antérieure.

La gravure représente : à gauche, en haut, des sages, des lettrés [*bothat*] : au milieu, un chat, un tigre, un buffle un cheval ; en dessous, un poisson, un crabe, un escargot. — A droite, en haut, des hommes des basses classes, guerriers et paysans : au milieu, un passereau, un canard, un corbeau : en bas, un serpent, un ver, une crevette.

X. La grande Porte des Sages [*Thiendao*]. Gravure représentant le bonheur des lettrés et des philosophes : ils entrent dans l'existence éternelle, où ils sont reçus par une colombe éployée : la légende est gravée sur une banderole sacrée : [*phuong*] :

« Celui qui, vivant, a respecté les or-
« dres du Ciel et les Rites Sacrés,
« descend après sa mort, libre, au
« Phongdo : Le Roi connaît qu'il fut
« bon, que son esprit fut large, et qu'il
« suivit la *Religion Universelle* [*codao*]
« et il lui donne sa liberté d'action.

Gravure finale, représentant un lettré assis, et jouissant de la paix, entouré de ses serviteurs.

CHAPITRE XI

DIT DES TERREURS LÉGENDAIRES.

Il a été donné au roi prudent qui a écrit ce livre d'entrer dans l'esprit constitutif des inférieurs. Le roi Giacanh avait un cœur excellent: il était le premier (1).

Le neuvième cercle de l'enfer est une masse de métal glacé. Le dixième cercle est d'une eau noire et obscure. Dans le treizième, une chaleur intense brûle les morts. Dans le seizième cercle, les typhons règnent éternellement.

Le premier cercle est un abîme sans fond. Au deuxième, les ombres courent sans nul repos. Au sixième, la foudre retentit et tombe; au septième, est un marécage boueux. Au onzième, les ombres meurent, renaissent et meurent.

Dans le treizième, les condamnés sont cuits et retournés sur le feu (2). Dans le quator-

(1) Litt. « Giap » premier signe du cycle duodénaire, qui correspond à l'eau pure. L'empereur Giacanh est celui qui institua l'enseignement de la physiognomonie.

(2) Différents cercles sont plusieurs fois numérotés ; l'auteur indique d'abord leur nature puis les tourments qui y sont subis. Ainsi, au treizième cercle, qui est une grande chaleur, les condamnés sont cuits.

zième, ils sont serrés et comprimés entre d'énormes rochers.

Au premier cercle ils sont écorchés et ont le ventre ouvert (1). Au quatrième cercle ils sont étroitement emprisonnés (2) ; au neuvième on leur enlève les muscles et les nerfs ; au dixième, ils sont ligottés et couchés au fond (3).

Au cinquième cercle, on leur arrache les boyaux; au huitième, on leur brise les os à coups de bâton; au onzième, ils sont desséchés jusqu'à la mort [*comme devant un soleil ardent*] (4).

Au treizième, on leur arrache la langue : au quatorzième, ils sont pendus par les pieds : au quinzième, ils sont écartelés.

Au dixième, il sont dévorés par les vers et les sangsues (5). Au quatorzième, ils sont infectés de mauvaises odeurs jusqu'à leur mort (6), et leur pourriture subsiste.

(1) Ils tombent dans l'abîme sans fond, parce que le spectacle d'un ventre ouvert est insupportable.

(2) C'est la conséquence d'un froid extrême.

(3) Au fond de l'eau noire.

(4) Ils sont desséchés perpétuellement, car ils renaissent.

(5) Les sangsues de l'eau où ils sont plongés.

(6) La pourriture causée par leur pendaison. Mais cela ne concorde pas avec le supplice des rochers.
L'auteur n'a pas donné, même oralement, la raison de l'interversion des cercles ni de leur classification en alinéas divers.
On appelle ce Chapitre le Chapitre des Terreurs Légendaires, pour indiquer qu'il est fait pour épouvanter les masses.

CHAPITRE XII

Ceci est la science actuelle. La volonté d l'homme agit de suite.

Thienquan, qui habitait Quandong, près de la mer, savait frapper les esprits mauvais; il était bon, fort, droit et sans détours. A ceux qui nient son pouvoir, il répond: ALLEZ-VOIR LES ÉCAILLES [*boc*] (1), LE PREMIER JOUR DE LA QUINZAINE : PARLEZ AUX ROIS VAN ET VU (2) : AUSSI DEVANT L'AUTEL DE L'ESPRIT DES CITÉS, ET LAISSEZ (3) TOMBER LES SAPÈQUES DE CUIVRE (4). REGARDEZ LA FUMÉE DES PARFUMS (5).

Giacanh fut huit ans malade, et fit huit ans brûler des parfums dans un brûle-parfums d'or ; il avait des fièvres ardentes, saisissait

(1) L'esprit de l'homme, aiguisé par la volonté, atteint son but. Cette phrase est l'explication de ce qui suit.

(2) Les écailles de la tortue, c'est-à-dire les Livres, en réminiscence de la légende sacrée du Lacthu.

(3) Van est le roi lettré ; Vu, le roi ignorant et guerrier.

(4) Moyen divinatoire, les sapèques ayant en exergue l'un des Batquai.

(5) Les baguettes étant tenues devant la poitrine, il faut aussi interpréter : pensez et marchez droit.

La réponse de Thienquan comprend le formulaire évocatoire en entier, formulaire commun au taoïsme et au confucianisme C'est ici la seule donnée d'un ritualisme pratique.

les médecins, et les secouait. Tous ses serviteurs tremblaient; puis il se refroidissait et retombait. Il dormait, et, la nuit, se levait, marchait, et son œil croyait voir.

Le roi Vu et Thienquan, connaissant cette maladie, vinrent, et aperçurent le Honda (1). Ils demandèrent à Giacanh s'il voulait guérir, et interdirent l'entrée dans la maison de toute viande de buffle, disant que, alors, le Honda parlerait, et lui donnerait moyen de guérir.

Or, tout le monde en cette maison mangeait impunément de la viande de buffle depuis dix ans.

Daoquang, depuis neuf ans, restait dans sa maison ; un jour il vint dans celle de Thienquan, malade et courbé en deux ; il montra son corps ; son sang était en plaques noires ; il s'était piqué d'une pointe, et le sang avait coulé, large comme une sapèque, mais coulait sans cesse. Cela était bien difficile à guérir.

En s'adressant au Ciel, il est possible de guérir ; en consultant l'oracle, en jetant cent sapèques, et en les coupant, le sang cessera de couler (2).

(1) Litt : la pierre froide, c'est-à-dire la mauvaise influence, dure et froide (*comme le principe Am*).

(2) On jette à terre lentement cent sapèques ; « *le couteau* » qui traverse le flot, choque des sapèques, qui s'écartent du tas, et dont les Batquai constituent la réponse.

Si semblable maladie existe, il faut prendre le livre, parler au Ciel, allumer des parfums, et, sortant de la maison, faire aux quatre angles des supplications à Thienquan. Thienquan apprivoisera la mauvaise influence.

Le matin, on doit faire la cérémonie des sapèques, et jeter du riz. Thienquan guérira. Voilà le vrai. Pour parler au Ciel (1) il faut avoir quelque chose devant soi (2). Quand le cœur est sincère, l'époque et la valeur n'importent pas.

Tous ceux qui veulent l'aide de Thienquan doivent placer son image [*sur l'autel*]. Ceci est de première utilité.

Si on rencontre le poisson Quangu (3), il ne faut pas le donner à d'autres; car le bon devient méchant, et le bien portant, malade. Il est vrai qu'il y a très peu de Quangu.

Ouvrez vos yeux pour comprendre la science.

Le septième mois de l'année Than Mao, Daoquang jeta le Honda dans le fleuve. Ceci est la vérité, et a été vu.

(1) Thienquan, changé d'accentuation, signifie aussi le ciel. Il y a donc là un symbolisme impossible à rendre en français.

(2) C'est-à-dire avoir en main les baguettes propitiatoires [pour le peuple] ou l'offrande rituelle.

(3) Le poisson Quangu s'applique à l'avantage qu'il y a à rencontrer Thienquan, ce qui est rare, et rare, et aux inconvénients qu'il y a à prendre de faux savants pour des savants véritables.

CHAPITRE XIII

Ceci est le savoir, qui guérit les affections mauvaises.

Pour guérir, la connaissance de l'esprit suffit, il n'y a pas besoin de tâter le pouls.

Il est bon que les hommes soient tous comme l'or et le diamant et non comme les choses vulgaires qu'on peut acheter et conserver avec de l'argent. Celui qui garde la science en son esprit, ressemble à l'or et au diamant et est rempli de bonheur et de richesses. Celui qui ne la garde point, abrite chez lui le malheur et la misère.

C'est ainsi que Daoquang, en l'année Ngam-tinh, au mois Doan, était triste et malade. Je ne sais combien de remèdes avaient déjà été pris et jetés (1) : malgré cela, il était toujours très malade [*Am-am*]. Le vent le faisait frissonner et grincer des dents [*nghiên*] (2). Tous les gens, effrayés, levaient les bras au ciel; il se laissait mourir (3).

(1) Reconnus inutiles ou inefficaces.

(2) Nghiên : nerveusement, cataleptiquement.

(3) Littéralement : Il était perdu : soit [*Afin de marquer l'état d'inconscience, ou d'indifférence en cas de conscience*].

Sa mère très âgée et encore forte, lui parlait en vain : il est comme un enfant avant sa naissance; il ignore s'il vit ou s'il meurt; demain sera-t-il mort ou non ?

Or la science dit que cette maladie s'appelle Tuyenhao(1). Elle dit que l'on peut en guérir; il faut toujours penser à guérir suivant la volonté du ciel. La science agit [*hung*] (2), et la guérison vient, immédiate. Mais il faut toujours, pour réussir, agir avec franchise et confiance.

C'est ainsi que Daoquang, en l'année Ngamtinh, au mois Doan, ayant fait les sacrifices avec une pensée droite, vit finir son mal.

—

(1) Littéralement : la cruelle maladie.

(2) Hung est le caractère qui manifeste l'intervention d'une puissance amie.

QUATRIÈME PARTIE

CHAPITRE PREMIER

Le sage donne ici la science à tous, hommes et femmes vivants, afin qu'ils connaissent leurs existences antérieures [*thienphi*] (1), et que, de mauvais et méchants, ils deviennent bons.

Le sage dit aux hommes, clairs ou non clairs [*u-minh*] (2) que les âmes des sages sont et vivent aux inférieurs. Si toute la multitude des hommes [*thaploai*] et des animaux [*gian-quan*] pouvait joindre les mains et les abaisser (3), les Saints [*Bothat*] les combleraient de savoir et de biens. Le sage a pitié des ombres des hommes morts. Si elles sortent, et que le soleil les frappe, elles ne peuvent

(1) Les causes antérieures de leurs souffrances.
(2) Savants ou ignorants.
(3) C'est-à-dire, entrer en réflexion et prier.

plus redescendre, et les forces errantes (1) se saisissent d'elles [*cui*].

Elles s'en saisissent, les torturent, et les font entrer dans la prison des six chemins [*luc dao*] (2).

Ce sort est réservé aux méchants : le sage sait qu'ils y souffrent beaucoup. Ils reconnaissent que, vivants, ils ont mal agi et ne peuvent pas s'en excuser.

Pour une action mauvaise, que les Saints [*Bothat*] connaissent et vengent, deux bonnes actions effacent et délivrent.

Quand les hommes agissent bien, leurs enfants agissent déjà bien facilement. S'ils sont ainsi, à leur mort, les esprits les conduisent au bonheur (3) [*Thiendao*].

Si deux actions sont mauvaises, après la mort le malheur est triple : le sage veut indiquer aux vivants les routes du bonheur.

Les mauvais sentiments, les désirs de vengeance et d'envie, même pendant l'enfance, mènent aux inférieurs.

Le sage désire que tous les hommes aillent

(1) Principe am-duong. Si les ombres [*qui participent du Am*], s'exposent au soleil [*manifestation du Duong*] elles sont annihilées, et livrées en pâture aux errants.

(2) La prison des six chemins [*luc dao*] n'est autre que le temple des Batquai, où sont encloses, après la mort, les ombres des imparfaits, et d'où, suivant le jugement, elles sortent en six situations possibles.

(3) Le Thiendao est la « Grande-Porte des Sages », par où passent les âmes qui ne vont pas au Lucdao.

aux routes du bonheur : quand ils ont bien agi, leur esprit ne va pas aux inférieurs (1). Quand ils ont été savants, bons et studieux, ils commandent aux forces errantes, et ne vont pas aux inférieurs, où les esprits sont tristes, méchants, malades, après une vie triste, méchante et malade.

Ceux-là, de mauvais cœur, qui méprisent la Loi et les Ancêtres, sont incrédules, et dont l'esprit est sanglant (2), sont rejetés du ciel, meurent entièrement, et leur ombre est bleue (3).

Leur langue, qui a mal dit, leur cœur, qui a mal pensé, sont punis.

Sitôt après la mort, on voit les forces errantes ; mais avant, c'est impossible.

L'homme, qui, au bout d'un siècle, perd peu à peu son sang et ses forces l'ignore. Tout cela [*phach*] meurt, mais l'âme [*hon*] survit (4) entièrement. Et l'âme mauvaise descend aux inférieurs [*Luc dao*].

Il faut que tous les hommes m'imitent. J'ai vu bien des vivants être malheureux après leur mort, ne pouvoir ni agir, ni penser comme des hommes. Ils connaissaient le Lichdaï

(1) Ils vont au Thiendao.
(2) Ne songent qu'au mal, symbolisé par le sang, son influence, et son désir.
(3) Semblable aux feux morts des étangs, et aux dieux méchants de la théogonie bouddhique.
(4) Phach est tout ce qui se décompose. Hôn est tout ce qui ne se décompose pas.

et même le Tamgiao, mais ils n'avaient pas la science (1).

Nhaduong et Nhangu les savaient[*le Lichdaï et le Tamgiao*]. Tous les hommes ignoraient comme eux [*la science*]. Ils pouvaient agir cent fois, mais pas une action excellente.

A présent, on voit l'apparence (2).

(1 Le Lichdaï est l'appropriation pratique. Le Tamgiao est l'appropriation hiératique. Les deux caractères sont ici employés en général.

(2) On voit l'apparence de la science, qui mène à sa réalité, et indique la voie de l'action parfaite.

CHAPITRE II

Les saints [*Bothat*] m'ont donné un œil pour les voir. Que tous les hommes agissent bien dans leur cœur.

Tous les vivants qui sont malades, hommes ou femmes, jeunes ou vieux, ont commis le mal [*auparavant*]. Leur cœur fut mauvais.

Les sages m'aident à écrire : ils veulent que tous les hommes changent de conduite.

La bonne action, ignorée de tous, est connue dans le lieu d'après la mort, et l'esprit écarte le malheur.

Les disciples qui méprisent les sages, les enfants qui n'observent pas le respect envers leurs pères, mourront mal et violemment. Les tigres et les serpents seront acharnés après eux ; ils tomberont alors dans les prisons inférieures.

Agir bien ou mal, en avant ou en arrière, du premier au dernier jour tout est marqué. Ceux qui agissent bien ne descendent pas aux inférieurs; il est facile de les reconnaître ; la vie bonne est offerte en exemple à tous.

Le roi des inférieurs fait que tous les esprits des morts se rassemblent et parlent.

Thien giai dit : « Bien, bien, il faut faire attention ; pour n'être pas malheureux, il ne faut pas redoubler une mauvaise action ».

Une action énergique peut changer le mal en bien. Mais le mal est quand même acquis (1). Ceux qui pensent constamment à la vertu ne font jamais rien de mal [*les hommes*]. Celles [*les femmes*] qui agissent bien, deviennent hommes sur le chemin du ciel (2).

Le père mort, dont les enfants supplient le Ciel, a un sort heureux. Même s'il a commis une mauvaise action, il faut parler avec confiance et de suite (3).

Il faut parler à Thodia [*thandat*] (4) à Thanhngoang, et à tous les esprits ; il faut prononcer le nom du mort, il faut toujours penser à lui, qu'il soit ou non « phung » (5).

(1) Le mal est toujours marqué, et ne s'efface pas sous les actions meilleures postérieures.

(2) Ce symbolisme, pour expliquer l'infériorité originelle de la femme, est très rarement exprimé, et ne se trouve pas dans les traditions orales de la doctrine de Laotseu.

(3) Sans avoir eu le temps de trouver un détour.

(4) L'esprit de la Terre.

(5) « Phung » : exposé dans la maison, en statue ou en tablette. Ici est le commencement du rituel évocatoire.

CHAPITRE III

Le grand sage a ainsi parlé :

Tous les hommes, vivants ou morts, ceux qui sont bons, et ceux dont l'esprit est au pouvoir des inférieurs, sont énumérés ici. Les esprits mauvais sont comme un pic de pierre au milieu de la mer : la route qui y conduit va à l'Ouest: l'eau est jaune : le chemin est noir : les hommes au cœur droit ne les voient jamais.

Les enfants, mâles ou féminins, morts sans avoir agi, sont là, après avoir passé par le Thaploaï (1).

Le sage voit les actions des hommes, et, d'après elles, peut changer les hommes en femmes, et les femmes en hommes. Ainsi une femme pauvre, au cœur généreux, devient homme ; un homme riche et avare devient femme (2).

Ceux qui auront mal agi souvent, pour peu

(1) Ce sont les limbes des inintelligents.

(2) C'est une conséquence de la doctrine taoïste hermétique de l'infériorité involutive de la femme.

de bien, iront en cette maison de pierre, qui est grande de dix viên (1).
En haut du mur, du côté de l'Est, il y a sept caractères, devant lesquels restent les illettrés (2) (*vomieu*).
Ceux qui auront mal agi, ou opéré la magie *avec leur corps*, le roi les rassemble en son royaume inférieur. Ils ont mal agi involontairement. Ils ont amassé l'or, sans le connaître (3) : ils ont, vivants, agi comme ils ont voulu. Ils sont entrés dans les pagodes, et leurs yeux n'ont rien vu : morts, ils sont tombés dans le dernier supplice inférieur.

Hommes, ils se riaient des dieux qui leur ont donné l'existence : pourquoi agissaient-ils mal avec leur père (4) ?
Ils n'étaient pas reconnaissants envers leurs bienfaiteurs, et ils croyaient bien agir. Or, poussés par leur mauvais génie (5) il voulaient se jeter à l'eau pour y mourir.
Ceux qui sont reconnaissants envers les dieux et les ancêtres, n'ont rien à craindre des tentations de leur esprit (6).

(1) Littér. : dix jardins : c'est une mesure populaire.
(2) C'est ainsi que sont désignées les pagodes des illettrés et des mandarins de la guerre, par opposition aux autres mandarins, qui sont seuls lettrés.
(3) Ils ont gardé leurs bonnes intentions sans les faire fructifier.
(4) Ne pas respecter son père est le plus grand des crimes, suivant les traditions et les législations.
(5) L'instinct de la destruction, ou manifestation extérieure de la vengeance des normes.
(6) Esprit inférieur attaché au corps.

Ceux qui cachent leurs mauvaises pensées ne meurent pas de suite : on ignore ce qu'ils sont, mais leur place est déjà marquée aux inférieurs. Morts, ils descendent au temple des six chemins, et, même là, restent isolés (1). Quand ils renaissent, c'est à l'heure du chien ou du porc (2). Ils ne peuvent vivre longtemps. Cela se reconnaît à leur apparence générale (3) [*Quanhinh*].
Peut-être ne vivront-ils que soixante-dix jours : peut-être atteindront-ils un ou deux ans. Mais ils ne peuvent pas vivre plus longtemps. Leur corps va toujours à leur perte (4). Leur mère aussi est mauvaise [*et ils sont sa punition*]. Leur naissance inspire l'effroi. Une mauvaise vie antérieure amène à des enfances semblables.
Tous les mauvais sont gardés après leur mort en un seul lieu, et y sont conduits et gardés par les forces errantes [*Tuongcui*].
Ils deviennent enfants et meurent de suite (5) et retombent aux inférieurs et ainsi de suite. Tel est l'enseignement du sage, que le mal prive de la vie. Au bout des expériences

(1) Litt. : ils ne donnent à manger à personne.
(2) Au commencement de l'année, sixième et septième heure : les cycles horaires avancent avec les semaines et les jours.
(3) Litt. : Le livre des Apparences. C'est l'état du corps au moment de la naissance : ce sont aussi les circonstances extérieures.
(4) L'esprit mauvais leur donne, vers la mort, des tentations inconscientes.
(5) Sans avoir agi, ni acquis de mérites.

que le Ciel a comptées, alors ils peuvent redevenir hommes, et bien agir, et ne plus craindre le châtiment.

Peut-être quelqu'un se moqua-t-il du Ciel et des lois : Sa figure est rouge et ses dents serrées : le vent de ses paroles descend aux inférieurs ; il tombe aux grands abîmes, où la face est coupée, et ne peut, de longtemps, retourner chez les hommes.

De même que le lettré, même très savant, qui se rend aux examens, oublie un caractère en présence de ses juges, de même les hommes, qui, au milieu de bonnes actions, ont parfois mal agi, descendent en des limbes moins tristes. Dehors, ils sont des savants, dedans, il sont froids et noirs de frayeur (1). Et leur esprit est obscurci.

Iraient-ils dix fois, l'esprit est toujours le même (2). Leur pensée est bonne, mais en l'écrivant ils renversent l'encre sur le papier ; quand ils meurent, ils ne peuvent prétendre de suite au Ciel. C'est donc que leurs existences sont mauvaises, et ils ne peuvent quitter les inférieurs.

Tous les hommes et toutes les femmes parlent au maître du ciel avec leur bouche. Il faut lentement penser à lui dans le cœur, et alors il est inutile de parler et d'écrire des prières.

(1) Continuation de la parabole des lettrés
(2) Se présenteraient-ils dix fois aux examens.

Les prières doivent se faire le premier de chaque mois : ce jour-là le Ciel vient apporter ses dons et savoir les intentions.

Le premier jour du deuxième mois est un jour heureux, où les mauvaises actions ne doivent pas se commettre. A la moindre mauvaise action la mort vient (1).

Que l'homme doué fasse offrande d'une robe bleue et d'une petite statue d'enfant. Voilà le bien.

—

(1) La mort intellectuelle.

CHAPITRE IV

Les inférieurs sont la demeure des méchants. Un océan sans bornes s'y agite.

Les hommes et les femmes obéissant à la loi encore jeunes, qui se sont mariés, ont peur des esprits qu'ils voient, craignant de ne pas avoir d'enfants. S'ils sont soumis à leurs parents, qu'ils aient confiance aux Livres. S'ils sont mal avec eux, alors ils oublient un caractère (1).

Quand Daoquang était malade, un médecin venait le soigner consciencieusement. mais il ignorait les forces errantes, et tout l'argent dépensé ne servait de rien à la guérison. En s'adressant au ciel, on peut guérir de suite. A présent tous ceux qui sont malades n'ont pas constamment besoin de médecin, mais du secours du ciel, suivant le Livre.

Fussé-je malade cent ans, au dépit des médecins, un instant de prière au Ciel me rendra la santé.

Peut-être que j'ai mal agi dans une circons-

(1) C'est-à-dire ils sont méchants.

tance antérieure dont je n'ai plus conscience; le repentir de ces méchancetés inconnues me guérira.

Mais il faut avoir une pensée droite et une science profonde pour rejeter aux inférieurs les forces errantes.

Et si les forces errantes ne tombaient pas sur un innocent, qui prie le Ciel, le Ciel ne les rejetterait pas aux inférieurs. Ils subissent les reproches et la punition du Ciel:

FIN.

TABLE

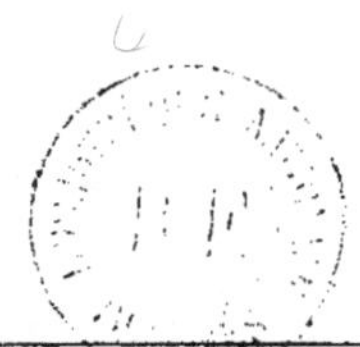

Imprimerie de l'Ouest, E. Soudée, Mayenne.

www.ingramcontent.com/pod-product-compliance
Lightning Source LLC
LaVergne TN
LVHW050451160826
845677LV00003B/734

* 9 7 8 2 3 2 9 6 7 9 2 1 1 *